SEBASTIAN TONN

1x RENTE BITTE!

SEBASTIAN TONN

1x RENTE BITTE!

DIE GROSSE PORTION!

HEUTE **RICHTIG** VORSORGEN –
ANSCHAULICH UND EINFACH ERKLÄRT.

Bibliografische Information der Deutschen Nationalbibliothek
Die Deutsche Nationalbibliothek verzeichnet diese Publikation in der Deutschen National-
bibliografie; detaillierte bibliografische Daten sind im Internet über http://d-nb.de abrufbar.

Für Fragen und Anregungen:
info@finanzbuchverlag.de

2. Auflage 2018

© 2016 by FinanzBuch Verlag, ein Imprint der Münchner Verlagsgruppe GmbH
Nymphenburger Straße 86
D-80636 München
Tel.: 089 651285-0
Fax: 089 652096

In diesem Buch geht es unter anderem um Wertpapiere. Hierzu muss gesagt werden:
Eine Anlage in Wertpapiere birgt gewisse Risiken – bis hin zum Verlust des eingesetz-
ten Kapitals. Da Kapitalmärkte teilweise hohen Schwankungen unterliegen, darf eine
Anlage in Wertpapiere niemals mit einem kurzfristigen Anlagehorizont einhergehen.
Historische Renditen bieten keine Garantie für zukünftige Renditen. Eine Haftung für
Schäden, die durch die in diesem Buch beschriebenen Anlagestrategien möglicherweise
entstehen, ist ausgeschlossen. Die Umsetzung erfolgt auf eigenes Risiko. Die gelieferten
Informationen sind zu keiner Zeit als Anlageempfehlung im Sinne des Wertpapierhan-
delsgesetzes anzusehen – sie entsprechen den persönlichen Ansichten des Autors.

Covergestaltung: artseid, Travemünde
Zeichnungen: Jonas Kramer, Hamburg
Foto: Christoph Mannhardt, Hamburg
Lektorat: Lektorat Satzzeichen, Mülheim/Ruhr
Satz: Daniel Förster, Belgern
Druck: Florjancic Tisk d.o.o., Slovenien
Printed in the EU

ISBN Print 978-3-89879-972-0
ISBN E-Book (PDF) 978-3-86248-888-9
ISBN E-Book (EPUB, Mobi) 978-3-86248-889-6

Weitere Informationen zum Verlag finden Sie unter

www.finanzbuchverlag.de

Inhalt

WARUM DIESES BUCH?

Da ist sie wieder – die Nummer des Finanzberaters auf dem Handy. Seit über 10 Jahren bearbeitet er mich rührselig mit seinen Vertriebs-Bemühungen. Eigentlich ist er ja ein netter Kerl, aber irgendwie auch ein bisschen anstrengend. In den ersten Monaten unserer Beziehung – ich hatte gerade mein Studium hinter mir – war es ganz extrem. Ich glaube, ein ordentlicher Finanzberater riecht an diesem Wendepunkt des Lebens förmlich sein Geschäft. Hatte ich eigentlich vor, nach Jahren darbenden Studenten-Daseins und unterbezahlter Praktika, mir lange gehegte Wünsche zu erfüllen, wurde ich von ihm mit einer Flut von möglichen Gefahren des richtigen Lebens und deren Absicherung konfrontiert. Allen voran die drohende »Rentenlücke« – die Tatsache, dass das, was der Staat für uns zur Seite legt, später nicht mehr ausreicht. Mittlerweile bin ich etwas weiter, stehe seit über 10 Jahren im Berufsleben und habe mich natürlich wohl oder übel mit dem Thema »Rentenlücke« beschäftigt.

Zu ein paar Vorsorgeprodukten auf Versicherungs-Basis habe auch ich mich hinreißen lassen. Spätestens einmal im Jahr werde ich mit Schaudern daran erinnert.

Dann kommen nämlich die jährlichen Info-Briefe mit dem aktuellen Stand dieser Versicherungen. Selbst nach vielen Jahren fleißigen Einzahlens steht dort oft nicht einmal die Summe der eingezahlten Beträge. Über die Jahre hinweg dämmerte es mir, dass ich selbst Teil des Problems bin: Wir Deutschen wissen oft wenig bis gar nichts über einfache finanzielle Grundzusammenhänge. Die Themen Geldanlage und Altersvorsorge sind in ihrer Fülle – das muss ich zugeben – sehr komplex. Oftmals fehlt uns einfach das Interesse, uns dort ein bisschen einzuarbeiten. Es gibt ja genug andere schöne Dinge zu tun. Möglichst weit weg schieben wir es und vertrauen einer Heerschar von eloquenten Finanzberatern. Bei diesen schließen wir nebulös konstruierte Geldanlagen, Lebensversicherungen und andere Vorsorge-Produkte ab. Sie erschlagen uns buchstäblich mit Informationen und atemberaubenden Hochrechnungen, sodass wir schlicht vergessen, uns zwei elementare Dinge mal genauer anzuschauen: Erstens die Rendite – nämlich das, was unsere Anlage über die Jahre unterm Strich abwirft. Zweitens die Kosten: Es gibt mindestens noch zwei weitere Parteien, die sich an unserem Vorsorgeprodukt eine goldene Nase verdienen – der nette Finanzberater und die Institution, die dahinter steht. Diese beiden Punkte hängen unmittelbar zusammen, denn: Rendite ist das, was nach Kosten übrig bleibt.

Seien Sie mal ehrlich zu sich: Wissen Sie, wie hoch die Kosten bei Ihren Vorsorgeprodukten sind? Haben Sie eine Vorstellung, wie hoch Ihre Rendite über die Laufzeit ist? Ich wette mit Ihnen: Leider nein! Und das ist gar nicht Ihre Schuld.

Banken und Versicherungen tun alles dafür, diese Intransparenz aufrechtzuerhalten, um ihr Geschäft zu sichern. Und das Schlimme daran ist: Der Staat steckt mit der Finanzindustrie unter einer Decke. Er treibt seine Bürger durch Zulagen und Steuervorteile gezielt in unpassende Produkte und gibt dem Ganzen damit eine öffentliche Legitimation. Wird schon passen, denkt der Bürger. Für die Finanzindustrie ist dies ein gigantisches Konjunkturprogramm – für den Bürger selbst allerdings eine Katastrophe. Was also tun mit dem Geld – und wie am besten vorsorgen? Das Geld zu Minizinsen auf die Bank legen? Beim aktuellen Zinsniveau – und das wird sich auf absehbare Zeit auch nicht ändern – ist das sicher keine Alternative.

Langfristig betrachtet – und darum geht's in diesem Buch – kommen Sie um eine Anlage in Aktien nicht herum. Sie fangen jetzt schon an zu zittern? Schlechte Erfahrungen aus der Vergangenheit kommen in Ihnen hoch? Sie halten sich nicht für den Profi, der Sie sein müssten, um das Thema anzugehen? Gerade DANN sollten Sie weiterlesen!

Tatsache ist: Geldanlage bzw. Altersvorsorge mit Aktien bringt mehr als die meisten Alternativen. Es ist bei Weitem nicht so unsicher, wie immer angenommen wird. Und da das Ganze gar nicht so schwer ist, können Sie es auch selbst und müssen sich nicht mehr in die Abhängigkeit Ihres Finanzberaters begeben.

Genau hier möchte ich mit diesem Buch ansetzen. Mein Ziel ist es, Sie – was das Thema Geldanlage und Altersvorsorge betrifft – zu einem unabhängigen Bürger zu machen.

In einer guten Stunde Lesezeit werde ich Ihnen zeigen,

- dass Sie in der Lage sind, Ihre Geldanlage/Altersvorsorge in die eigenen Hände zu nehmen.
- warum Sie den Finanzberater links liegen lassen können.
- wie Sie dies mit einem einfachen aktienbasierten Vorsorge-Modell ohne Vorkenntnisse und teure Berater/Vermittler schaffen.

Mein Anspruch ist es, dass Sie mir nicht nur blind vertrauen und meinem Rat folgen, sondern auch verstehen, worum es geht und auf was Sie achten müssen.

Dafür liefere ich Ihnen noch ein bisschen Grundwissen. Aber keine Sorge: Ich hatte ganz bewusst NICHT vor, ein Fachbuch zu schreiben. Davon gibt es unzählige auf dem Markt. Sie erschlagen einen. Ohne echtes fachliches Interesse und ein paar Vorkenntnisse kämpft sich da keiner durch. Wenn Sie dieses Buch lesen, wissen Sie in ungefähr einer Stunde alles, was Sie wissen müssen – und mehr auch nicht! Ich spare bewusst Themen aus, mit denen Sie sich nicht befassen müssen, um Sie nicht zu verwirren. Um es so anschaulich wie möglich zu halten, werde ich am Ende das vorgestellte Vorsorge-Modell einmal ganz plakativ anhand einer Beispielperson durchrechnen und zeigen, was möglich ist. Max heißt er übrigens, ist 25 Jahre alt und macht sich als Berufseinsteiger erstmalig Gedanken über seine Altersvorsorge.

Sie sehen, es wird ganz einfach! Nehmen Sie sich die Zeit für dieses Buch! Sie werden es sich selbst danken – spätestens dann, wenn Sie als Rentner richtig Gas geben können.

Und – was Sie noch wissen sollten:
Dieses Buch schreibe ich aus persönlicher Überzeugung. Ich schreibe es nicht, weil ich irgendwelche Vorsorgeprodukte verkaufen möchte. Ich hätte mir in der Vergangenheit gewünscht, dass mich jemand frühzeitig auf die Punkte aufmerksam macht, auf die man beim Thema Altersvorsorge und Geldanlage achten muss, und mir zeigt, auf welche Art und Weise man das ganze Thema selbst in die Hand nimmt. Über die vergangenen 10 Jahre habe ich mir diese Punkte durch eigene – auch

schmerzhafte – Erfahrungen erarbeitet und recht viel Wissen dabei angesammelt. Das möchte ich gerne mit Ihnen teilen.

Viel Spaß beim Lesen!
Ihr Sebastian Tonn

„Es scheint einen besonders perversen menschlichen Charakterzug zu geben, einfache Dinge schwer zu machen."

(Warren Buffett)

KEINE SORGE!
HIER BLEIBT ALLES EINFACH!

WARUM DIE DEUTSCHEN DIE RIESENCHANCE EINER SICHEREN UND GUTEN ALTERSVORSORGE VERPASSEN

Wir Deutschen landen – was das Pro-Kopf-Geldvermö-
gen betrifft – weltweit auf einem abgeschlagenen Platz,
weit hinter Amerikanern und Schweizern zum Beispiel.
Das hat einerseits historische Gründe – viele Familien
mussten nach Weltwirtschaftskrise und zwei Weltkriegen
praktisch von vorne anfangen. Andererseits liegt es daran,
dass wir rentable Geldanlagen meiden wie der Teufel das
Weihwasser. Dies ist einem vermeintlichen Sicherheitsbe-
dürfnis geschuldet, aber auch der Tatsache, dass wir es
leider nicht besser wissen. Ich gebe Ihnen ein Beispiel:

**Das Anlegen in Aktien gilt allgemein als risikoreich.
Ist das so? Wer in den vergangenen 100 Jahren Aktien von internationalen Unternehmen besessen hat,
hat durchschnittlich pro Jahr 7 bis 8 Prozent verdient
und zudem Wirtschaftskrisen, Kriege und Währungs-
reformen unbeschadet überstanden.**

Wer das Kapital als Festgeld auf dem Bankkonto liegen
hatte, hat deutlich weniger verdient und es nicht durch
die Wirren des letzten Jahrhunderts gebracht. Sie merken also schon, worauf ich hinaus will: Ich möchte Sie
von den Vorzügen einer aktienbasierten Geldanlage
bzw. Altersvorsorge überzeugen. Das haben vor mir
auch schon andere versucht? Ich versuche es trotzdem
noch mal. Ich bin sicher, dass Sie am Ende dieses Kapitels die Vorzüge ganz klar erkennen.

VOLKSSPORT SPAREN

Wir Deutschen sind ganz vorne mit dabei, wenn es ums Sparen geht. Abendfüllend unterhalten wir uns darüber, mit welchem Handy-Vertrag wir monatlich 5 Euro billiger wegkommen oder welche Tankstelle in der Umgebung die günstigsten Literpreise hat. Wir versuchen überall das Optimum rauszuholen. Dieses Effizienzdenken ist Teil unseres wirtschaftlichen Erfolges. Nicht umsonst sind wir – was die weltweite Produktivität betrifft – ganz vorne mit dabei. Wir kümmern uns gerne auch um die kleinen Dinge, die sicher in der Summe einen guten Teil zum großen Ganzen beitragen. Das ist alles schön und gut. Leider liegt vor allem im privaten Bereich der Fokus dabei meist komplett auf der Ausgabenseite. Die Einnahmenseite hingegen blenden wir oft aus, weil es uns scheint, daran nur wenig ändern zu können.

Dabei sollten Sie eines wissen: Sie können gar nicht so schnell auf der Ausgabenseite sparen, wie Sie auf der Einnahmeseite Geld verdienen können!

Das mag nicht für Ihr Gehalt gelten, was Sie z. B. als Angestellter einer Firma bekommen. Bei Gehaltsverhandlungen wird im Zweifel Ihr Chef am längeren Hebel sitzen. Für Erträge aus Geldanlagen und Altersvorsorge-Produkten dagegen gilt dies allemal.

Ein Blick auf das Geldvermögen der Deutschen macht schnell deutlich, was ich meine: Nur ca. 11 Prozent des Geldvermögens deutscher Haushalte ist in Aktien angelegt, 38 Prozent hingegen liegt z. B. in Form von Lebensversicherungen bei Versicherungsgesellschaften. Der größte Teil – nämlich knapp 40 Prozent – liegt zu minimalen Zinsen auf der Bank.[1]

Das Fatale daran will ich Ihnen kurz vorrechnen:

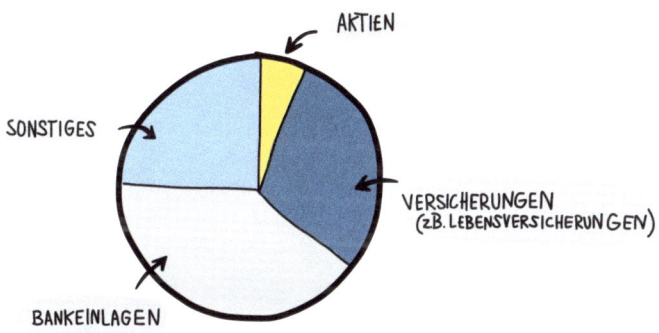

GELDVERMÖGEN DER DEUTSCHEN

AKTIEN

SONSTIGES

VERSICHERUNGEN
(z.B. LEBENSVERSICHERUNGEN)

BANKEINLAGEN

Sie legen heute 1.200 Euro pro Jahr zur Seite – also auf den Monat gerechnet nur 100 Euro. Nach 30 Jahren wollen Sie sich vom Ersparten einen netten Lebensabend machen. Dann schauen Sie mal, was die unterschiedlichen Renditen, die Sie je nach Anlageform erwarten können, am Ende für einen Unterschied machen:

- Die Lebensversicherung wird voraussichtlich eine Rendite von ca. 2,5 bis 3,5 Prozent pro Jahr erwirtschaften (dazu später mehr).
- Das Geld als Bankguthaben geparkt bringt Ihnen – selbst bei sehr guten Konditionen – nur irgendetwas zwischen 1 und 2 Prozent.
- Bei breit gestreuten Aktien kann man damit rechnen, dass man auf 7–8 Prozent pro Jahr kommt.

Auf 30 Jahre gesehen macht das einen gewaltigen Unterschied. Davon ist abhängig, ob Sie im Alter – finanziell gesehen – noch mal Gas geben können! Die folgende Skizze zeigt das (rechts das jeweils angehäufte Kapital).

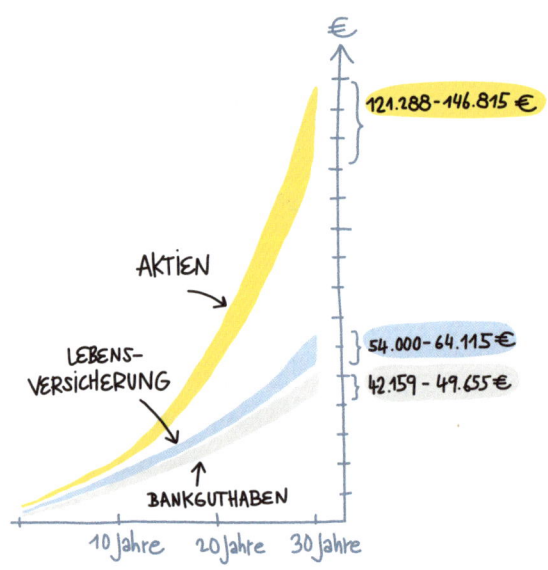

Bankguthaben und Versicherungsprodukte sind also die beliebtesten Vorsorgearten der Deutschen, mal abgesehen von der selbst genutzten Immobilie. Warum sie hierbei gnadenlos auf Rendite verzichten und Aktien meiden, hat viel mit Unsicherheit und einer gewissen Angst gegenüber dem Thema zu tun. Das ist aber nur der eine Grund. Es gibt noch einen weiteren: Deutsche Sparer werden durch einen perfekten Vertrieb und herausragende Lobby-Arbeit in die Fänge der Versicherer getrieben. Schließlich macht bei vielen Produkten der Staat noch seinen Stempel drauf und legitimiert damit schlechte Anlageprodukte. Er subventioniert so die großen Versicherungsunternehmen und macht deren Vertriebs-Armada reich. Das Schlimme: Diese Produkte sind so nebulös, dass die Bürger in der schönen Illusion leben, ausreichend vorgesorgt zu haben. Irgendwann kommt dann das böse Erwachen – leider zu spät.

DIE KLASSISCHE LEBENSVERSICHERUNG: DER DEUTSCHEN LIEBSTES KIND IST EINE ZEITBOMBE!

Eines vorweg: Ja, es gibt einen unschätzbaren Vorteil von Lebensversicherungen und ähnlichen Produkten: Das Geld ist, wenn man sie in jungen Jahren abschließt, für viele Jahre weg! Und was nicht da ist, kann auch nicht so leicht für Weltreise, Hochzeit oder Auszeit vom

Job geplündert werden. Gründe zum Geldausgeben gibt es ja immer genug. Aber, wir sind ja alle erwachsene und mündige Bürger – wir brauchen doch niemanden, der uns vor uns selbst schützt!

Schauen Sie sich manchmal den aktuellen Stand Ihrer Lebensversicherung an? Dann sollte Sie in vielen Fällen eigentlich jedes Mal das blanke Entsetzen packen. So ist es zumindest bei mir!

Oftmals steht dort, selbst nach vielen Jahren regelmäßiger Einzahlungen, nicht einmal die Summe der eingezahlten Beträge.

Das hat zwei Gründe: Vor allem in den ersten Jahren nehmen sich Vermittler und Versicherungen Ihren Teil vom Kuchen. Sie sind die Ersten, die kräftig verdienen. Dabei sind gerade die ersten Sparjahre aufgrund des Zinseszins-Effekts unglaublich wichtig, um langfristig eine gute Rendite zu erzielen.

Außerdem steckt die klassische Lebensversicherung in der sogenannten »Zinsfalle«. Was bedeutet das? Der Versicherte spart in Form von monatlichen oder jährlichen Beiträgen über einen meist längeren Zeitraum. Am Ende der Laufzeit schüttet die Versicherungsgesellschaft die eingezahlten Beiträge inklusive einer vorher garantierten Mindestverzinsung (Garantiezins) als Einmalzahlung oder monatliche Rente aus. Um diese

Garantien gewährleisten zu können, legt die Versicherung die Beiträge ihrer Kunden zu einem großen Teil in festverzinslichen Papieren an. Die Verzinsung dieser Papiere orientiert sich unter anderem am aktuell gültigen Leitzins, der in regelmäßigen Abständen von der Europäischen Zentralbank vorgegeben wird. Dieser ist seit Längerem schon auf einem historischen Tiefstand – und das wird sich so schnell auch nicht ändern.[2] Festverzinsliche Papiere können z. B. Anleihen der Bundesrepublik Deutschland sein (früher bekannt als Bundesschatzbriefe). Die Versicherungen finanzieren also z. B. den Deutschen Staat. Dafür bekommen diese derzeit bei Papieren mit mittlerer Laufzeit unter einem Prozent Zinsen.[3] In diesem Fall freut das in erster Linie den deutschen Finanzminister. Er kann den Bundeshaushalt so günstig finanzieren wie noch nie. Die Versicherung, und damit auch Sie, sehen dagegen alt aus.

Aufgrund mangelnder Erträge bekommen Versicherungen also große Probleme, überhaupt noch die Garantien erwirtschaften zu können.

Dieses Dilemma nennt man dann »Zinsfalle«. Das hat auch der deutsche Staat erkannt und hat den Garantiezins für Neuverträge von klassischen Lebensversicherungen ab 2017 auf 0,9 Prozent gesenkt.[4] Zum Zeitpunkt der Entstehung dieses Buches gab es sogar schon Überlegungen, den Garantiezins komplett abzuschaffen. Wie bitte? Ich bekomme als Kunde immer weniger Geld? Klar! Versicherungsgesellschaften dürfen genauso wie Banken nicht zusammenbrechen, da sich ansonsten schnell eine Kettenreaktion innerhalb des gesamten Finanzsystems ausbreiten kann. Die Versicherungsgesellschaft wird sozusagen auf Kosten des Beitragszahlers gerettet.

Und – um Sie nun vollends zu schocken – den Garantiezins bekommen Sie nicht etwa auf Ihr eingezahltes Kapital, sondern lediglich auf den Sparanteil. Der Sparanteil ist der Teil, der nach Abzug der schon oben erwähnten Kosten für Vermittlung, Verwaltung und den Todesfallschutz übrig bleibt. Der Gesamtverband der Deutschen Versicherungswirtschaft hat ermittelt, dass dieser Sparanteil bei durchschnittlich nur 86,5 Prozent liegt.[5] Eine simple Rechnung zeigt dann, dass die Garantieverzinsung auf einmal bei nur noch knapp 0,8 Prozent liegt. Wir sprechen hier von Durchschnitten. Fragen Sie die Höhe des Sparanteils mal bei Ihrer Versicherung an. Hoffentlich liegt dieser nicht noch deutlich darunter!

Jetzt werden Sie sagen: Moment mal, da stehen aber höhere Verzinsungen in den jährlichen Mitteilungen der Versicherung. Sie haben recht. Als Versicherter erhalten Sie im besten Fall eine sogenannte Überschussbeteiligung. Wenn die Versicherung aus ihren getätigten Anlagen mehr als die Garantien erwirtschaftet, bekommen

Sie als Versicherter von diesem Überschuss einen Teil ab. Achten Sie aber genau darauf, auf welche Zahlen Sie da schauen. Man kann mögliche Wertentwicklungen, wie es sie zu Zeiten höherer Zinsen gab, nicht mehr auf heutige Verträge projizieren.

Leider sind die jährlichen Standmitteilungen – und das gilt nicht nur für die klassische Lebensversicherung – weder informativ noch leicht verständlich. Ich würde die Behauptung aufstellen, dass es so gut wie keinem Versicherungskunden gelingt, die tatsächliche Performance seines Altersvorsorge-Vertrages zu beurteilen.

Den Versicherungen spielt das in die Karten: Sie belassen ihre Kunden in dem Glauben, dass ihre Vorsorge ausreichen wird. Das ist moralisch höchst verwerflich. Tatsache ist: Wer heute eine Lebensversicherung abschließt, erwirtschaftet über einen Zeitraum von 30 Jahren voraussichtlich gerade mal noch durchschnittlich 3,07 Prozent Rendite pro Jahr.[6]

Und diese 3,07 Prozent verpuffen, wenn Sie bei Auszahlung in 30 Jahren die Summe versteuern müssen und den Kaufkraftverlust (Inflation) mit einrechnen. Sie kommen nicht einmal auf die Summe der eingezahlten Beträge. Sie haben über 30 Jahre lang also systematisch Geld vernichtet. Die folgende Abbildung veranschaulicht das:

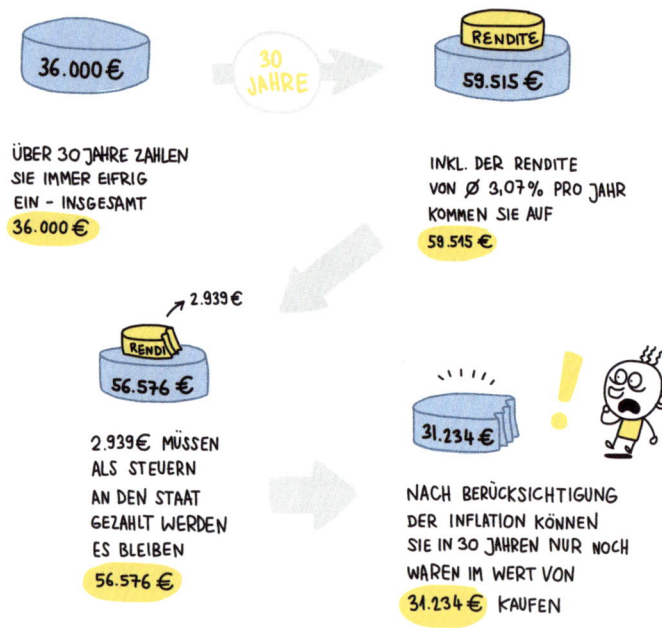

WAS BLEIBT VON DER LEBENSVERSICHERUNG?

36.000 €

30 JAHRE

RENDITE
59.515 €

ÜBER 30 JAHRE ZAHLEN
SIE IMMER EIFRIG
EIN - INSGESAMT
36.000 €

INKL. DER RENDITE
VON Ø 3,07% PRO JAHR
KOMMEN SIE AUF
59.515 €

2.939€
RENDI...
56.576 €

2.939€ MÜSSEN
ALS STEUERN
AN DEN STAAT
GEZAHLT WERDEN
ES BLEIBEN
56.576 €

31.234 €

NACH BERÜCKSICHTIGUNG
DER INFLATION KÖNNEN
SIE IN 30 JAHREN NUR NOCH
WAREN IM WERT VON
31.234 € KAUFEN

Beispielrechnung: 1.200 Euro Jahresbeitrag, 30 Jahre Laufzeit, 100 Prozent Todes-
fallleistung, Durchschnittsrendite 3,07 Prozent, Steuern auf die Hälfte des Ertra-
ges, angenommener Steuersatz 25 Prozent, angenommene Inflation 2,0 Prozent
(entspricht dem angepeilten Ziel der Europäischen Zentralbank)

Wie schon gesagt ist das Schlimme daran, dass den meisten Kunden überhaupt nicht bewusst ist, dass sie praktisch Kapitalvernichtung betreiben. Schuld daran ist
sicher nicht der einzelne Kunde. Es gibt wohl kaum ein
Produkt in Deutschland, welches so undurchsichtig ist.

Versicherungen tun alles dafür, die Intransparenz über Kosten und Renditen aufrechtzuerhalten. Informierte Kunden würden ihr Geschäft zusammenbrechen lassen.

Ich gebe Ihnen ein Beispiel: Intransparenz wird geschaffen durch das Bündeln von Produkten, die nichts miteinander zu tun haben sollten. So werden von den Versicherungsgesellschaften oftmals drei Komponenten in einen Topf geschmissen: Altersvorsorge, um sich später die Rente aufzubessern, Todesfallschutz, der den Hinterbliebenen eine Garantiesumme verspricht, und oben drauf noch eine Berufsunfähigkeitsversicherung. Ich weiß nicht, wie es bei Ihnen ist – aber mir sträuben sich da die Haare. Diese drei Komponenten sollten vom Gesetzgeber ganz klar getrennt werden. Für den Todesfallschutz (der nur dann sinnvoll ist, wenn man tatsächlich jemanden zu versorgen hat) und die Absicherung der Berufsunfähigkeit sollten immer getrennte Policen abgeschlossen werden. Sie werden sonst nie in der Lage sein zu beurteilen, ob ihre Sparbemühungen für Ihre Altersvorsorge erfolgreich sind oder nicht. Das ist wie bei einer Suppe, in der viel drin schwimmt und die fünf Minuten im Mixer war. Wenn sie nicht schmeckt, kann beim Essen nicht mehr festgestellt werden, was der Koch falsch gemacht hat.

WARUM SICH AKTIEN LANGFRISTIG SEHR GUT FÜR DIE VORSORGE EIGNEN

Nur knapp 9 Mio. Deutsche besitzen überhaupt Aktien und Aktienfonds.[7] Warum das so ist, hat viel mit schlechten Erfahrungen zu tun. Viele deutsche Privatanleger haben sich – schaut man gar nicht so lange zurück – schon zweimal an der Börse die Finger verbrannt. Das erste Mal beim Fall des Neuen Marktes zur Jahrtausendwende, das zweite Mal in der Finanzkrise 2008, nachdem der Lehman-Crash einen Erdrutsch in Bewegung gebracht hat. Viele haben nach diesen Erfahrungen für immer und ewig dem Aktienmarkt den Rücken gekehrt. Das hat vor allem mit Anleger-Psychologie zu tun:

Ein Anleger ärgert sich mehr über einen Verlust von 1.000 Euro, als er sich über einen Gewinn von 1.000 Euro freut. Unter Psychologen heißt das »Verlustaversion«. Bei uns Deutschen ist diese Verlustaversion besonders stark ausgeprägt.

Sie sorgt dafür, dass wir gerade dann mit Aktien nichts mehr zu tun haben wollen, wenn die Kurse ins Bodenlose gefallen sind. Gerade dann sollte man allerdings dabeibleiben – schließlich gibt es günstige Chancen für neue, billige Käufe. Wir aber kaufen, wenn die Kurse hoch stehen. Angesteckt von der allgemein herrschenden Euphorie langen wir in solchen Phasen beherzt zu – dann natürlich zu überteuerten Preisen. Sie sehen, ein Teufelskreis!

Dabei sind Aktien langfristig betrachtet eine der sichersten und solidesten Anlageformen.

Warum das so ist, will ich Ihnen kurz erklären: Mit einer Aktie gehört Ihnen ein Anteil an einem Unternehmen. Dieses Unternehmen hat nicht nur ein volles Lager und Maschinen für die Herstellung der Produkte. Es gehört auch eine Produktionshalle und ein kleines Bürogebäude dazu. Mit der Aktie gehört Ihnen also jeweils ein kleiner Teil von allem.

Wir Deutschen lieben fassbare Werte. Nicht umsonst sind Investitionen in Immobilien (das berühmte Beton-Gold!)

so beliebt. Auch als Aktionär, das wissen wir jetzt, gehört uns also ein Teil der fassbaren Werte des Unternehmens. Das wiederum bringt einige Vorteile mit sich:

- **Erstens:** Es bietet Ihnen einen gewissen Inflationsschutz. Steigt das Preisniveau, sind Unternehmen mit guten und begehrten Produkten in der Lage, ihre Preise anzupassen. Das erhöht die Einnahmen und damit den Börsenkurs. Eine moderate Inflationsrate wird also ausgeglichen.

- **Zweitens:** Im Falle einer Bankenpleite werden Aktien als Sondervermögen betrachtet und bleiben immer im Besitz des Aktionärs. Sie können somit nie enteignet werden – ganz im Gegensatz zu Ihren Bar- und Festgeld-Bankkonten, die in Deutschland nur bis zu einem Betrag von 100.000 Euro über den Einlagensicherungsfonds gesichert sind.

- **Drittens:** Als Aktionär sind Sie – wie schon gesagt – Teilhaber am Betriebsvermögen eines Unternehmens. An dieses Vermögen traut sich der Staat, wenn es um die Erhöhung der Steuer- und Abgabenlast geht, nur ungern heran, da im Regelfall Arbeitsplätze daran hängen. Arbeitsplätze sind Wählerstimmen und damit heilig.

- **Viertens:** Wirtschaftsunternehmen und deren Eigentümer bzw. Lenker haben ein ureigenes Interesse, noch erfolgreicher zu sein und noch mehr Geld zu verdienen. Um dieses Ziel zu erreichen, treiben sie neue Innovationen voran, bringen neue Produkte auf den Markt und stellen sich effizient auf.

Über Aktien kann jeder am Wirtschaftswachstum partizipieren. Sucht man sich solide, langfristig erfolgreiche Unternehmen heraus, werden diese auch in Zukunft mit hoher Wahrscheinlichkeit von einer wachsenden Weltwirtschaft profitieren.

Und auch wenn die Wachstumsraten der Weltwirtschaft mitunter schwanken, besteht aus meiner Sicht kein Zweifel daran, dass es langfristig bergauf geht. Es wird immer wieder große technologische und politische Entwicklungen geben, welche das Wachstum antreiben. In den vergangenen drei Jahrzehnten waren es z. B. die Etablierung der Informationstechnik und die Öffnungen der Grenzen (Globalisierung der Weltwirtschaft). Überlegen Sie mal, wie viele Geschäftsmodelle es nicht geben würde ohne das Internet! Oder was wären deutsche Autobauer zum einen ohne die kaufkräftige Klientel in China, zum anderen ohne die günstigen Bandarbeiter im chinesischen Produktionswerk?

Auch in den kommenden Jahrzehnten werden international aufgestellte Konzerne massiv von den Verbesserungen der Lebensverhältnisse in den Schwellenländern profitieren.

In vielen ehemaligen Entwicklungsländern wächst eine Mittelschicht heran, die allmählich ähnliche Bedürfnisse und ein ähnliches Konsumverhalten hat wie Europäer oder Amerikaner.

Diese aufsteigenden Schichten bringen eine Spirale in Gang. Erst ist es das Mofa aus heimischer Produktion, was angeschafft wird. Dann ein kleiner gebrauchter Chevrolet.

Der Sohn der Familie, der als Erster studieren kann und es danach in einem Software-Unternehmen zu einer guten Position bringt, leistet sich irgendwann einen nagelneuen VW. Wer profitiert? Klar, in diesem Fall vor allem erst einmal internationale Konzerne – Chevrolet (General Motors) und VW. Das Ganze schlägt aber Wellen: VW hat aufgrund der starken lokalen Nachfrage ein Werk vor Ort errichtet, in welchem VW Passats montiert werden. Hierfür werden nicht nur gut bezahlte Ingenieure aus Deutschland geschickt, sondern auch eine Menge lokaler Kräfte eingestellt, angelernt und weitergebildet. Diese können sich nach einem Jahr Sparen das Mofa aus heimischer Produktion leisten. Wie es weitergeht? Bitte wieder oben anfangen zu lesen!

Und somit dreht sich die Spirale nach oben. Der Staat hat dafür zu sorgen, dass die Rahmenbedingungen stimmen. Menschenrechte sowie internationale Standards müssen eingehalten werden.

Die Wirtschaft hat aus sich selbst heraus eine enorme Schaffenskraft. Und Sie als Aktionär sind der große Profiteur.

Sie sehen also, eine Anlage in Aktien ist nicht nur erfolgversprechend, sondern auch grundsolide und sicher. Ein Blick auf das vergangene Jahrhundert unterfüttert diese These mit Fakten: Aktienanlagen brachten eine durchschnittliche Rendite von 7 bis 8 Prozent pro Jahr.

Jetzt werden Sie als kritischer Leser fragen, was Ihnen diese **durchschnittlichen** 7 bis 8 Prozent bringen, wenn Sie sich irgendwann einmal ausgerechnet für eine Aktie entschieden hatten, die dummerweise nach dem Kauf abgestürzt ist. Dieses Risiko besteht bei einer Aktienanlage in einen Einzelwert immer. Sie sollten es auf jeden Fall vermeiden. Daher: Niemals alle Eier in einen Korb legen, sondern breit streuen. Außerdem gibt es einen zweiten wichtigen Punkt, den man nicht aus den Augen lassen darf: Aktien können teilweise stark schwanken. Wenn ich vorher davon gesprochen habe, dass breit gestreute Aktien in der Vergangenheit durchschnittlich 7 bis 8 Prozent pro Jahr gebracht haben, heißt das nicht unbedingt, dass dies zum Beispiel für die kommenden 10 Jahre genauso gilt. Genau auf diese beiden Herausforderungen werde ich in den beiden folgenden Kapiteln noch im Detail eingehen.

ZUSÄTZLICHES SPANNENDES WISSEN ZU DEN INHALTEN DIESES KAPITELS AUCH IM VIDEO-FORMAT:

anyonecan.de/buch-anhang#sektion-1

EIN PAAR PUNKTE, DIE SIE BEI DER GELDANLAGE UND ALTERSVORSORGE BEACHTEN SOLLTEN

Mein Ziel ist es, dass Sie nach Lesen dieses Buches verstanden haben, was Sie tun können, damit Sie später nicht jeden Euro umdrehen müssen. Und dies, ohne Ihr Leben jetzt komplett umzukrempeln und nur noch zu sparen.

Bevor ich Ihnen im nächsten Kapitel zeige, wie Sie dazu vorgehen, möchte ich Ihnen gerne ein paar Punkte erklären, die Sie generell wissen sollten.

1. ETWAS DISZIPLIN

Wenn man nicht in der Lage ist, etwas zur Seite zu legen, hat man auch kein Geld zum Anlegen bzw. Vorsorgen. Jetzt werden Sie sagen, das ist leichter gesagt als getan. Das ist mir klar.

Es kommt allerdings in erster Linie gar nicht darauf an, wie viel Sie zur Seite legen. Entscheidend ist, dass Sie überhaupt etwas zur Seite legen!

Schauen Sie z. B., ob Sie monatliche Ausgaben haben, auf die Sie verzichten können, ohne große Einschränkungen in Kauf zu nehmen. Sie selbst wissen am besten, wo Sie etwas an den Ausgaben verändern können. Jeder hat individuelle Präferenzen beim Geldausgeben und genauso darin, in welchen Bereichen als Erstes gespart werden kann. Wenige Euro pro Monat reichen aus! Eines sollten Sie auf jeden Fall tun, nämlich Ihren monatlichen Sparbetrag gleich zu Anfang des Monats zur Seite zu legen. Am Ende des Monats ist die Altersvorsorge das Letzte, woran wir denken.

Gerade wenn es Ihnen nicht möglich ist, viel zu sparen, ist es umso wichtiger, dass Sie die folgenden Punkte beachten.

2. ZINSESZINS-EFFEKT NUTZEN – SO FRÜH WIE MÖGLICH MIT SPAREN ANFANGEN

Je früher im Leben Sie anfangen zu sparen bzw. zu investieren, desto besser. Hier kommt nämlich der sogenannte Zinseszins-Effekt ins Spiel.

Diesen möchte ich Ihnen kurz erklären:

Sie legen heute 100 Euro an und erhalten dafür 5 Prozent Zinsen. Nach einem Jahr sind das dann also 105 Euro. Wenn Sie diese 5 Euro nicht verjubeln, sondern wieder mit anlegen, werden auch diese Zinsen im Folgejahr verzinst. Das ist dann der sogenannte Zinseszins. Das macht ja den Kohl nicht fett, werden Sie jetzt sagen. Aber dann schauen Sie mal den Unterschied auf eine Dauer von 30 Jahren an. Wir gehen davon aus, dass monatlich 100 Euro gespart werden, das Ganze bei einer jährlichen Verzinsung von 5 Prozent.

Fall 1:

Die Zinsen werden jedes Jahr wieder neu mit angelegt (mit Zinseszins-Effekt).

Fall 2:

Die Zinsen werden zwar entnommen, jedoch nicht verjubelt, sondern z. B. ins Bankschließfach gelegt (das Geld ist dann zwar noch da, aber der Zinseszins-Effekt bleibt aus)

Fall 3:

Die Zinsen werden jedes Jahr entnommen und verjubelt (d. h. der Zinseszins-Effekt bleibt auch hier aus).

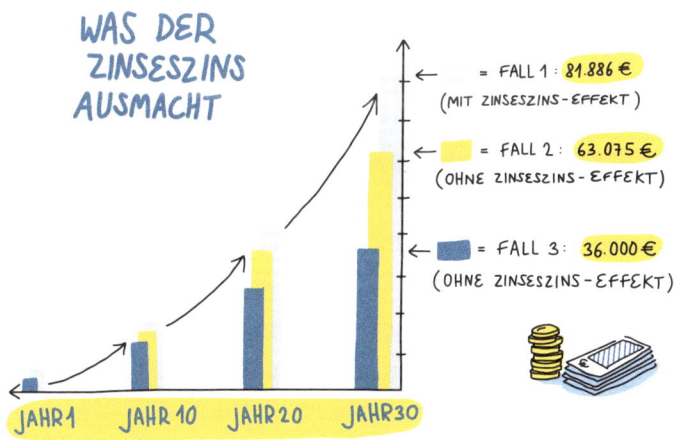

Im Fall 1 hat der Sparer trotz gleichem Sparaufwand fast ein Drittel mehr Kapital auf dem Konto als in Fall 2, in welchem die jährlichen Zinsen nicht neu mit angelegt werden. Noch deutlicher wird der Unterschied, wenn die jährlichen Zinsen tatsächlich in neue Schuhe oder Ähnliches gesteckt und nicht irgendwo angehäuft werden, wie in Fall 3. Dann beläuft sich der Unterschied auf mehr als das Doppelte. Hätten Sie das für möglich gehalten?

3. AUF EINE GUTE VERZINSUNG/ RENDITE ACHTEN

Rendite ist das, was unterm Strich »hängen bleibt«. Das kann zum Beispiel die Verzinsung für das Sparkonto (abzüglich der Kontoführungsgebühren) sein. Was bzgl. der Rendite ein paar Prozentpunkte für einen Unterschied machen, möchte ich Ihnen gerne an einem weiteren Beispiel verdeutlichen:

Wenn ein heute 35-Jähriger 30 Jahre lang 1.200 Euro – also auch hier auf den Monat gerechnet nur 100 Euro – zu angenommenen 7,5 Prozent pro Jahr anlegt, kommt er bei Renteneintritt auf eine angesparte Summe von über 130.000 Euro. Bei 2 Prozent – und das ist aktuell bei nicht wenigen Anlagen der Fall – kommt er am Ende der Sparzeit auf eine Summe von knapp 50.000 Euro. Das macht einen großen Unterschied, oder?

Noch besser wird es, wenn der Sparer bei Renteneintritt das Kapital nicht auf einen Schlag aus der Anlage herausnimmt und auf den Kopf haut, sondern es z. B. über 25 Jahre verrentet. »Verrenten« bedeutet in diesem Fall, dass das angesparte Geld in der bestehenden Anlage bleibt und der Sparer sich jeden Monat genau so viel entnimmt, dass nach 25 Jahren alles aufgebraucht ist. Bei der 7,5-Prozent-Anlage kann er sich monatlich 964 Euro entnehmen. Bei der 2-Prozent-Anlage kommt er nur auf eine monatliche »Zusatz-Rente« von 210 Euro.[8] Folgende Abbildung veranschaulicht das:

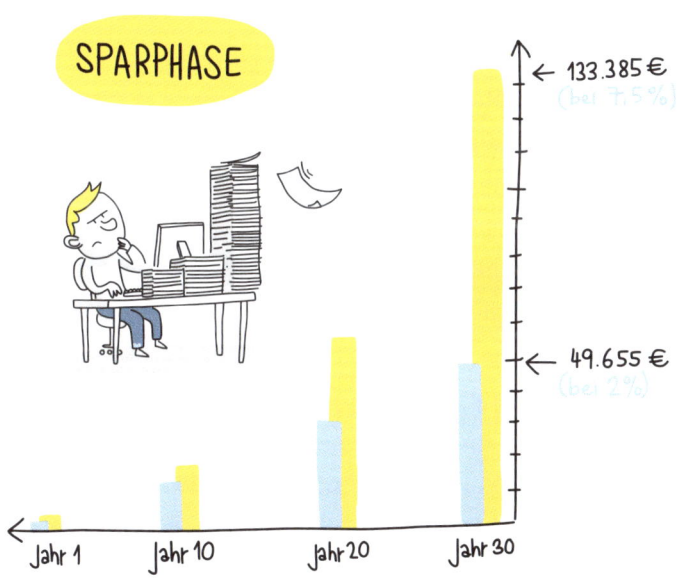

Jährliche Renditen von 7 Prozent und mehr erwirtschaften Sie langfristig (fast) nur mit Aktien. Für Bankguthaben gibt es derzeit oft deutlich weniger als 2 Prozent, mit Lebensversicherungen schaffen Sie vielleicht 3 bis 4 Prozent. Sie sehen also, wie wichtig es ist, sich mit dem Thema zu beschäftigen.

4. NICHT ALLES AUF EINE KARTE SETZEN

»Nicht alle Eier in einen Korb legen« lautet eine alte Börsenweisheit und besagt, dass man seine Anlage breit verteilen und damit das Risiko streuen sollte. Wenn Sie nun auf Ihr bisher angehäuftes kleines oder auch größeres Vermögen schauen und sich die Frage mal ehrlich beantworten, ob das bei Ihnen passt, haben Sie höchstwahrscheinlich einen wichtigen Punkt vergessen.

Wenn man es nämlich genau nimmt, ist bei vielen Deutschen das Vermögen überhaupt nicht gestreut: Alles steckt in der selbst genutzten Immobilie!

Haben Sie darüber schon einmal nachgedacht? Was passiert, wenn sich der Stadtteil, in dem Sie wohnen, ungünstig entwickelt? Sind dann die vier Wände, die Sie als Ihre Altersvorsorge ansehen, immer noch eine gute Anlage? Das ist jetzt etwas provokant – ich möchte es Ihnen nur verdeutlichen. Sicher haben Sie eine gute Entscheidung getroffen. Die eigenen vier Wände sind nun mal die eigenen vier Wände. Zumindest können Sie, wenn Sie Ihren Kredit immer gewissenhaft abbezahlt haben, im Alter mietfrei wohnen.

Ihre sonstige Geldanlage bzw. Altersvorsorge sollten Sie allerdings breit streuen, um nicht alles auf ein Pferd zu setzen. Besitzen Sie z. B. Aktien von nur einem Unternehmen, können technologische Entwicklungen Sie auf dem falschen Fuß erwischen. Hätten Sie vor 35 Jahren in Aktien von Plattenspieler-Produzenten investiert und vor 10 Jahren in Produzenten von CDs, hätten Sie nach wenigen Jahren ganz schön alt ausgesehen.

Oder: Setzen Sie nur auf die erfolgversprechende Entwicklung eines einzigen Landes – was ist, wenn sich die politischen Rahmenbedingungen dort ändern und das Klima nicht mehr so wirtschaftsfreundlich bleibt? Streuen Sie daher breit, das verringert das Risiko!

5. KOSTEN DER GELDANLAGE/ VORSORGE BEACHTEN

Jede Geldanlage / jedes Altersvorsorgemodell kostet Geld. Bei vielen aktiv gemanagten Fonds-Produkten wird ein Teil der Gebühren gleich zu Anfang abgezogen (sog. Ausgabeaufschlag). Dieser Abzug kann schnell bis zu 5 Prozent ausmachen – das muss also erst einmal wieder verdient werden. Bei Versicherungen geht ein nicht unerheblicher Teil der Sparraten vor allem im Laufe der ersten Jahre in die Taschen des jeweiligen Verkäufers/Beraters bzw. der Versicherungsgesellschaft selbst. Zusätzlich fallen bei fast allen Sparmodellen laufende Kosten an. Im Regelfall machen diese ca. 0,35 bis 1,5 Prozent Ihres angesparten Kapitals aus – und das jedes Jahr!

Bei den Kosten einer Anlage sollten Sie genau hinschauen, denn das ist der Bereich – anders als z. B. bei den Punkten Inflation oder Steuern – den Sie selbst in der Hand haben.

6. STEUERN – AUCH BEI KAPITALER-TRÄGEN HÄLT DER STAAT DIE HAND AUF

Der Staat ist logischerweise überall mit dabei, wo es was zu verdienen gibt. Wenn Sie mit Ihren Einkünften aus Kapitalvermögen (z. B. Zinsen oder Dividenden) über den jährlichen Sparerfreibetrag kommen, fallen bei (fast) allen Anlagen Steuern an. Daran ändern können Sie leider nichts, daher sollten Sie diesem Thema auch nicht allzu viel Aufmerksamkeit schenken.

Steuern sparen darf für Sie als Privatanleger nie das Argument für eine Investition sein. Wo keine Steuern gezahlt werden, ist meist auch kein Gewinn. Sie möchten aber mit Ihrer Anlage Gewinn machen. Eine Anlage sollte sich daher auch immer VOR Steuern lohnen.

Versicherungen werben gerne mit Steuervorteilen. Genauer gesagt ist es in den meisten Fällen nur eine Steuerstundung, d. h. spätestens nach Ablauf der Versicherung müssen Sie die Erträge bzw. die gesamte Auszahlungssumme versteuern. Das allerdings ist ein Blick in die Kristallkugel: Wissen Sie denn, wie die Steuergesetze in 30 Jahren aussehen, wenn Sie Ihre Anlage ausgezahlt bekommen? Auch wenn sich Ihre Lebenssituation zwischenzeitlich mal verändert (machen Sie sich z. B.

selbstständig oder gehen für ein paar Jahre ins Ausland), können Sie die versprochenen Steuervorteile auf einmal nicht mehr in Anspruch nehmen. Versicherungen setzen, was das Thema Steuern betrifft, auf einen entscheidenden Kommunikationsvorteil: Das Thema ist derartig komplex bzw. hängt von so vielen Variablen ab, dass viele voll und ganz auf die Aussagen des netten Finanzberaters vertrauen. Wer ist schon in der Lage, zu berechnen, was eine Verschiebung der Steuerlast vom Jetzt ins Rentenalter bedeutet? Das, was eigentlich entscheidend ist, nämlich was die Versicherung unterm Strich an Rendite bringt, wird mit dem Satz weggewischt: »Aber denken Sie doch an den Steuervorteil!«

7. INFLATION BEACHTEN – IN 30 JAHREN IST 1 EURO NUR NOCH GUT 50 CENT WERT

Schauen Sie heute auf Ihren jährlichen Rentenbescheid der gesetzlichen Rente, freuen Sie sich unter Umständen, dass dort z. B. der stattliche Betrag von 1.800 Euro Monatsrente steht. Wenn Sie heute 35 Jahre alt sind und in 30 Jahren in Rente gehen wollen, sind diese 1.800 Euro aller Voraussicht nach nur noch gut 900 Euro wert. Schuld daran ist die jährliche Inflation, also die Geldentwertung. Was ist das denn überhaupt? Was bedeutet es, wenn die Inflation z. B. 2 Prozent pro Jahr beträgt?

Wenn Sie heute 100 Euro bei einer Inflationsrate von 2 Prozent anlegen, sind diese hundert Euro in einem Jahr nur noch 98 Euro wert. Auch hier werden Sie wieder sagen: macht den Kohl ja nicht fett! Aber dann zeige ich Ihnen jetzt mal, was das mit den 1.200 Euro pro Jahr macht, die Sie über 30 Jahre zur Seite legen.

WAS DIE INFLATION AUSMACHT

36.000 €

2% INFLATION PRO JAHR

19.875€

BEI EINER 0-VERZINSUNG LIEGT IHR ANGESPARTES KAPITAL NACH 30 JAHREN BEI 36.000 €

NACH 30 JAHREN KÖNNEN SIE NACH HEUTIGER KAUF-KRAFT NUR NOCH WAREN IM WERT VON 19.875 € KAUFEN

Ihre 36.000 Euro, über die Sie am Ende der Sparzeit verfügen können, sind also in Wirklichkeit keine 36.000 Euro mehr wert. Sie können sich hierfür – nach heutiger Kaufkraft – gerade noch Waren im Wert von knapp 20.000 Euro kaufen. Das macht den Kohl ziemlich fett, oder?

An der Inflation können Sie leider nichts drehen. Umso mehr sollten Sie darauf achten, dass sich Ihre Geldanlage/Altersvorsorge gut verzinst und eine gute jährliche Rendite erwirtschaftet.

Bekommen Sie nämlich eine Rendite, die unterhalb der jährlichen Inflationsrate liegt, werden Sie quasi Jahr für Jahr enteignet. Genau das ist es, was seit einiger Zeit deutschen Sparern passiert, deren Bankguthaben nur mit minimalen Beträgen verzinst werden.

Auch wenn in jüngster Zeit die Inflationsraten tendenziell niedriger als 2 Prozent sind: Langfristig ist das erklärte Ziel der Europäischen Zentralbank, die Inflation knapp unter diesen 2 Prozent zu halten. Dieser Wert wird für eine Volkswirtschaft als gesund eingestuft. Sie sollten also langfristig immer mit diesem Wert kalkulieren.

Damit ich Sie nicht verliere, hier noch einmal das Zusammenspiel aller sieben Punkte:

VERMÖGEN → KONSUM

① FLEISSIG WAS ZUR SEITE LEGEN
(VON NICHTS KOMMT NICHTS)

② FRÜH ANFANGEN IM LEBEN

③ AUF GUTE RENDITE ACHTEN

④ BREIT STREUEN

⑤ KOSTEN GERING HALTEN
(NICHT SO VIELE FREMDE TASCHEN FÜLLEN)

⑥ STEUERN
(DER STAAT HÄLT DIE HAND AUF)

RENDITE →

⑦ INFLATION
(ZEIT NAGT AM GESAMTKAPITAL)

WENN SIE BEI PUNKT 3, 4
UND 5 NICHT AUFPASSEN,
VERNICHTEN SIE IM LAUFE
DER ZEIT KAPITAL

In Zahlen ausgedrückt: Nehmen wir an, Sie bekommen 5 Prozent Zinsen pro Jahr. 1 Prozent sind Kosten. Nach Abzug dieser Kosten verbleiben 4 Prozent. Da Sie darauf noch keine Steuern gezahlt haben, ist dies die Brutto-Rendite. Davon gehen gut 25 Prozent Steuern weg. D. h., es bleiben knapp 3 Prozent. Wenn man nun eine Inflationsrate von 2 Prozent ansetzt (was langfristig realistisch ist), bleibt unterm Strich nur eine reale Rendite von 1 Prozent hängen. Sie sehen also, wie wichtig es ist, auf die Punkte 3, 4 und 5 zu achten.

Wenn Sie dies tun, kommen Sie unweigerlich auf den Aktienmarkt. Denn dieser erfüllt alle drei Punkte: Dort können Sie gute Renditen erzielen. Die Kosten sind gering. Außerdem können Sie aufgrund der Vielfalt der Aktien breit streuen und damit Ihr Risiko senken. Wie Sie an dieses Thema am besten rangehen, erfahren Sie im nächsten Kapitel.

ZUSÄTZLICHES SPANNENDES WISSEN ZU DEN INHALTEN DIESES KAPITELS AUCH IM VIDEO-FORMAT:

anyonecan.de/buch-anhang#sektion-2

GELDANLAGE UND ALTERSVORSORGE SELBST IN DIE HAND NEHMEN – MEINE SIMPLE, RENDITE-STARKE UND KOSTEN-GÜNSTIGE METHODE

INVESTIEREN AN DER BÖRSE FÜR LAIEN

In den vorherigen Kapiteln hat sich gezeigt, dass Sie an einer Anlage in Aktien nicht vorbeikommen.

Aktien bringen – wenn richtig ausgewählt – langfristig eine hohe Rendite und sind dabei solide und sicher. Das ist schön, sagen Sie jetzt. Und nun?

Sie wissen unter Umständen nicht im Geringsten, wie Sie das Thema jetzt praktisch angehen? Zwar haben Sie aus Konsumentensicht eine Meinung zu gewissen Produkten, Marken und Unternehmen. Nur weil Sie gerne Coca-Cola trinken, auf TUI-Reisen schwören oder finden, dass BMW die schönsten Autos baut, heißt das aber noch lange nicht, dass sich diese Unternehmen gut entwickeln werden. Und: Nur weil sich das eine oder andere Unternehmen gut entwickelt, muss das nicht unbedingt einen steigenden Aktienkurs zur Folge haben.

Sie sehen, es wirkt ganz schön komplex! Aber keine Sorge! Es ist viel einfacher, als es aussieht.

Ich werde Ihnen in diesem Kapitel eine einfache Methode vorstellen, bei der man sich weder mit einzelnen Unternehmen noch mit täglichen Konjunkturberichten etc. auseinandersetzen muss. Das Zauberwort heißt Exchange Traded Fund (ETF). Ein ETF ist ein börsengehandelter Indexfonds und ein optimales Instrument, um auch als Laie an den Erfolgen des Aktienmarktes teilhaben zu können. Warum, will ich Ihnen kurz erklären.

Ein ETF bildet einen Aktien-Index nach. Wenn man z. B. einen ETF auf den DAX kauft, bildet dieser den DAX eins zu eins ab und ist an seine Entwicklung gekoppelt.

Aktien-Indizes hat man irgendwann mal eingeführt, um einen guten Überblick zu bewahren. So könnte man z. B. unter den weltweit Tausenden Aktien nicht ohne Weiteres erkennen, in welcher Verfassung die deutsche Wirtschaft ist, wenn es dafür nicht eine separate Auflistung gäbe. Diese Zusammenfassung (Index) heißt in diesem Fall z. B. Deutscher Aktien Index, besser bekannt durch seine Abkürzung DAX.

Im DAX sind die 30 größten und umsatzstärksten deutschen börsennotierten Unternehmen zusammengefasst, darunter Schwergewichte wie Volkswagen, Bayer oder Siemens. Unternehmen also, die es teilweise schon seit über 100 Jahren gibt. Jeden Abend in den Nachrichten wird die tägliche Veränderung des DAX in Prozent mitgeteilt. Diese »Verfassung« deutscher Groß-Unternehmen dient auch als Spiegelbild für die aktuelle Verfassung bzw. Stimmung der deutschen Wirtschaft.

Man hat, indem man einen ETF auf den DAX kauft, somit einen Anteil an allen 30 im DAX gelisteten Unternehmen.

Das hat folgenden Vorteil: Da man als Laie nie in der Lage sein wird, genau vorauszusagen, wie sich jedes einzelne der 30 Unternehmen entwickeln wird, streut man seine Anlage auf 30 verschiedene Werte und verteilt das Risiko. Einige Unternehmen werden mal schlechte Zeiten durchleben und sich nicht so gut entwickeln, andere werden sich dafür herausragend entwickeln. Unterm Strich stimmt das Ergebnis. Diese breite Auswahl/Streuung nennt man am Aktienmarkt auch Diversifikation, was soviel heißt wie: das Risiko durch Streuung unter Kontrolle halten oder »nicht alles auf eine Karte setzen«.

Hätte man beispielsweise 1988 – das Jahr, in dem der DAX aufgesetzt wurde – nur einmal 1.000 Euro in eben diesen Index investiert, hätte man Ende 2016

gut 8.600 Euro gehabt. In den ersten 28 Jahren seines Bestehens hätte der DAX durchschnittlich jährlich 8 Prozent Rendite für einen eingefahren. Und das, obwohl sich das ein oder andere DAX-Unternehmen alles andere als gut entwickelt hat.[9]

Stellen Sie sich den DAX bildlich gesprochen wie die volle Theke in einer Konditorei vor. 30 ganze Torten (Unternehmen) sind enthalten. Zusammen ist es das gesamte Angebot der Konditorei (DAX). Sie planen eine Feier und nehmen von jeder Torte genau ein Stück mit nach Hause (Diese Auswahl ist Ihr ETF). Damit umgehen Sie das Risiko, dass Sie genau die zwei oder drei Torten erwischen, die nicht schmecken. Unterm Strich brauchen Sie sich also gar nicht zu sehr den Kopf über die Auswahl der Torten zu zerbrechen.

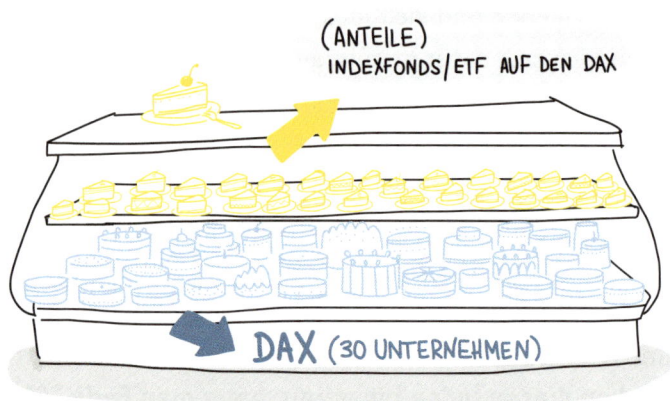

(ANTEILE)
INDEXFONDS / ETF AUF DEN DAX

DAX (30 UNTERNEHMEN)

Und genauso ist es beim ETF. Sie streuen automatisch breit über viele Unternehmen. Das heißt, die Auswahl wurde Ihnen abgenommen.

Sie haben also automatisch einen Anteil von jedem Unternehmen mit aufgenommen. Das Ganze war somit schnell und effizient für Sie.

Das simple Nachbilden des Index ist auch der Grund, warum ein ETF nicht aktiv von sogenannten Fondsmanagern verwaltet werden muss. Diese schlauen und meist hochbezahlten Leute braucht man für »bloßes Kopieren« nicht.

So gut wie nichts von der erwirtschafteten Rendite wandert also in fremde Taschen. Das hat zur Folge, dass Sie bei der Anlage in einen ETF nur ca. 0,1 bis 0,7 Prozent pro Jahr für die laufende Verwaltung bezahlen. Nur zum Vergleich: Bei aktiv gemanagten Fonds zahlen Sie oft eine Management-Gebühr in Höhe von bis zu 1,5 Prozent jährlich. Hinzu kommt in der Regel eine Art »Kauf-Gebühr« – ein sogenannter Ausgabeaufschlag. Er beläuft sich auf 1 bis 5 Prozent der Kauf-Summe und wird sofort beim Kauf fällig. Ihn müssen Sie also mit Ihrer Rendite erst einmal erwirtschaften, bevor Sie überhaupt etwas verdienen.

Die geringen Kosten eines ETFs sind aus meiner Sicht der Grund, warum Ihnen kaum ein Bankberater diese anbietet. Sie verdienen einfach nichts daran!

Jetzt werden Sie sagen: einen oder mehrere Fondsmanager an Bord zu haben, um den Fonds aktiv zu managen, kann ja auch sinnvoll sein. Er wird sicherlich die hohen Verwaltungsgebühren doppelt und dreifach wieder herausholen. Leider ist es nicht so!

Langfristig betrachtet, ist kaum ein Fondsmanager in der Lage, durch sein aktives Handeln den entsprechenden Vergleichs-Index zu schlagen.[10]

Das hat zwei Gründe: einer sind die oben genannten Kosten des aktiven Managements. Wie schon gesagt – der/die Fondsmanager müssen bezahlt werden. Außerdem fallen bei jeder Transaktion, also bei jedem Kauf bzw. Verkauf, Gebühren an. Diese Aufwendungen schmälern die Rendite nicht unerheblich. Aber es gibt noch einen zweiten Grund: Von positiven Kursentwicklungen einer Aktie kann man als Fondsmanager nur profitieren, wenn man einen sogenannten Informationsvorsprung hat, d. h. mehr weiß als alle anderen. Man hätte dann die Chance, in »Perlen« schon investiert zu sein, wenn die anderen gerade erst anfangen aufzuspringen. In der heutigen transparenten und informationsgesteuerten Welt ist dies jedoch nahezu unmöglich. Wenn eine Neuigkeit zu einem Unternehmen/zu einer

Aktie draußen ist, dann hat der Kurs schon einen Satz gemacht, bevor der Fondsmanager überhaupt reagieren kann.

Einen der wenigen aktiven Fonds zu erwischen, der den Index dann mal schlägt, ist für Privatanleger meiner Meinung nach nahezu unmöglich. Auch die Hochglanz-Prospekte der Finanzindustrie werden Ihnen da wenig nützen.

Und selbst wenn Sie einen Fonds ins Auge gefasst haben, der in der Vergangenheit gute Renditen erzielt hat, heißt das noch lange nicht, dass dies auch in der Zukunft so sein muss.

Für die Erkenntnis, dass ein Einzelner nicht den Markt als Ganzes schlagen kann, hat übrigens mal ein sehr schlauer Amerikaner namens Eugene Fama den Nobelpreis erhalten. Seine »Effizienzmarkthypothese« besagt, dass Börsenkurse stets alle Informationen wiedergeben, die verfügbar sind.

Zusammengefasst erfüllt ein ETF alle Anforderungen, welche man an die eigene Geldanlage/Altersvorsorge haben sollte:

- Eine angemessene Rendite durch Beteiligung am Aktienmarkt
- Sicherheit durch Beteiligung an realen Werten (Firmengebäude, Produktionshallen etc.) und breite Streuung (Diversifikation)
- Einfach und verständlich durch hohe Transparenz
- Geringe Einmal- bzw. laufende Kosten
- Langfristig bessere Performance als die meisten Alternativen (inkl. aktiv gemanagter Fonds)

AUFBAU EINES PORTFOLIOS

Am Verkauf von ETFs verdienen Finanzberater fast nichts. Das ist auch der Grund, warum sie in den Verkaufsprospekten der Finanzindustrie meist nicht auftauchen oder ein Schattendasein in der hintersten Ecke fristen.

Sie sollten daher in der Lage sein, die Zügel selbst in die Hand zu nehmen und sich – ohne große Beratung – Ihr Portfolio selbst zusammenstellen zu können.

Ein Portfolio ist ein Korb aus verschiedenen Anlage-Komponenten. Jetzt wird es schon wieder kompliziert, werden Sie nun denken. Keine Sorge: Ich werde Ihnen im Folgenden zeigen, wie ich mit nur zwei verschiedenen ETFs für mein Alter vorsorge. Diese beiden ETFs reichen aus, damit das Portfolio genau die drei folgenden Kriterien erfüllt. Alle drei Kriterien sind übrigens gleich wichtig – das dritte Kriterium wird nämlich ungeschickterweise oft ausgeblendet.

- langfristig sicher und solide durch breite Streuung
- gute Renditen
- einfach nachbildbar

Los geht's:

1. WAS GEHÖRT IN MEIN PORTFOLIO?

Ein ETF alleine ist durch die Kopplung an den Index per se schon breit gestreut, da in dem Index selbst unzählige Unternehmen gelistet sind. Trotzdem sollte man auch hier darauf achten, dass der Index, in den man über einen ETF investiert, nicht zu klein ist. Kauft man wie im Beispiel vorher **nur** einen ETF auf den DAX, ist die Abhängigkeit vom Wohl und Wehe der deutschen Wirtschaft relativ groß. Läuft es hierzulande nicht gut, geht auch die Vorsorge erst mal in die Knie. Man sollte sich daher globaler aufstellen, d. h. breit streuen und damit das Risiko auf viele Schultern verteilen.

Ich stelle mein Portfolio – ich nenne es »VolksPortfolio« – daher aus den folgenden **zwei ETFs** zusammen:

ETF Nr. 1 (ETF MSCI World) bildet den Aktien-Index für entwickelte Industrieländer ab. Er beinhaltet über 1.600 Unternehmen aus 23 Ländern. Ich setze damit auf einen Index, der über hoch entwickelte Länder auf der ganzen Welt streut. Dadurch ist das Risiko auf viele Schultern verteilt. Die Renditeaussichten sind gut und solide. Sie liegen aufgrund der extrem breiten Streuung bei dem Wert, den man bei Aktien - durchschnittlich und langfristig betrachtet - annehmen kann: zwischen 7 und 8 Prozent pro Jahr.[11] In meinem Portfolio ist dieser meine größte Position und damit mein »Anker«.

ETF Nr. 2 (ETF MSCI Emerging Markets) bildet den Aktien-Index für 24 Schwellenländer ab. Bei den Schwellenländern kann man langfristig davon ausgehen, dass sie aufgrund ihres hohen Wachstumspotenzials und Nachholbedarfs überdurchschnittliche Renditen bringen.[12] Sie sind sozusagen meine »Rendite-Rakete«. Aber: keine Rendite ohne Risiko. Sie sind auch anfälliger für Schwankungen und damit risikoreicher. Ihr Anteil am Gesamtportfolio sollte daher immer überschaubar bleiben.

Die Verteilung beim ETF MSCI World und ETF MSCI Emerging Markets halte ich bei 80/20 – d. h. 80 Prozent im breit gestreuten MSCI World und 20 Prozent im ETF MSCI Emerging Markets. Zusammen bilden der MSCI World und der MSCI Emerging Markets die Länder ab, in denen ein Großteil der weltweiten Wirtschaftsleistung erbracht wird. Damit bin ich gut aufgestellt. Ich habe mich bewusst zunächst auf diese beiden ETFs beschränkt, um es übersichtlich und nachbildbar zu halten.

Das ist das Einfachste, was man machen kann, und trotzdem ist man damit breit aufgestellt. Ich mag es einfach und mache daher genau das für meine Vorsorge!

Natürlich kann man dieses VolksPortfolio um weitere ETFs ergänzen und so andere Schwerpunkte setzen. Wäre ich beispielsweise Fan deutscher Unternehmen, könnte ich einen ETF auf den DAX mit dazunehmen. Oder schwöre ich auf Europa, kaufe ich einen ETF auf den Euro-Stoxx 600 – das ist ein Index, der 600 europä-

ische Großunternehmen abbildet. Wie man sich entscheidet, hat auch viel mit persönlicher Präferenz zu tun. Generell würde ich weitere ETFs dem ursprünglichen VolksPortfolio nur in überschaubaren Größenordnungen beimischen, denn die breite Streuung, die mit dem VolksPortfolio gewährleistet ist, sollte nicht unnötig eingeengt werden.

Es gibt verschiedene Anbieter, die ETFs auf die jeweiligen Indizes des VolksPortfolios anbieten. Da sich hier immer mal wieder etwas ändert, macht es keinen Sinn, diese an dieser Stelle aufzulisten. Eine Übersicht infrage kommender ETFs mit dazugehörigen Infos finden Sie auf meiner Website ANYONECAN.DE.

http://anyonecan.de/weitere-infos/

KEIN HEXENWERK, ODER?

„Es ist nicht notwendig, außergewöhnliche Dinge zu tun, um außergewöhliche Resultate zu erreichen."

(Warren Buffett)

2. WIE SIEHT´S MIT DEM ZEITHORIZONT UND DER RISIKOBEREITSCHAFT AUS?

Ich habe nun also mein VolksPortfolio mit zwei ETFs aufgestellt.

Auch wenn kein Zweifel daran besteht, dass sich Aktienmärkte langfristig positiv entwickeln: kurz- bzw. mittelfristig können sie teilweise stark schwanken.

Fatal wäre daher folgendes Szenario für mich: ich habe 30 Jahre lang immer eifrig in ETFs gespart. Mit 65 Jahren freue ich mich auf den nahe bevorstehenden Ruhestand. Aus dem angesparten ETF-Vermögen kann ich mir schließlich eine nette monatliche Zusatzrente auszahlen. Nun passiert das Unvorhergesehene: ein Börsen-Crash, der es in sich hat und meine Träume in Luft auflöst! Damit mir das nicht passiert und ich immer liquide bleibe, muss ich rechtzeitig ETF-Anteile verkaufen und in eine Anlage umschichten, die auch kurz- bis mittelfristig verfügbar ist. Das könnte z. B. ein Tagesgeld- oder Festgeldkonto mit kurzen Laufzeiten sein. Das ist dann praktisch meine »Kasse«, an die ich immer rankomme. Je älter ich werde und je eher ich auf das Ersparte zugreifen muss, desto besser gefüllt sollte diese sein. So sorge ich dafür, dass ich – egal wie die Börse steht – immer liquide bleibe. Ich muss mir dabei gar nicht allzu sehr den Kopf über den richtigen Zeitpunkt des Verkaufs zerbrechen. Den »Ausstieg« starte ich einfach einige Jahre vor meinem Renteneintritt und verkaufe dann ganz konstant Jahr für Jahr ETF-Anteile.

Was dabei generell noch zu beachten ist: Nicht alles werde ich in den ersten wenigen Jahren nach Renteneintritt benötigen. Bei guter Gesundheit werde ich eher mit 25 oder noch mehr Jahren Lebenszeit rechnen können. Daher kann ich auch erst einmal einen nicht unerheblichen Teil in den beiden ETFs (MSCI World und MSCI Emerging Markets) belassen. Wie groß dieser Anteil ist, muss jeder selbst entscheiden. Das hängt sehr viel von der individuellen Risikobereitschaft ab.

Auch muss man immer die gesamte Vermögenssituation betrachten: Kann man sowieso schon sichere Festgeld-Anlagen, Lebensversicherungen mit Garantiezins oder konstante Mieteinnahmen sein Eigen nennen, kann man die ETFs einfach weiterlaufen lassen und erst zu einem viel späteren Zeitpunkt mit dem »Einstieg in den Ausstieg« beginnen. Hat man also einen großen Teil des eigenen Kapitals relativ schwankungsfrei angelegt, sollte man auch dies berücksichtigen und den Zeithorizont, was die Verfügbarkeit der ETFs betrifft, noch einmal überdenken. Zum Gesamtvermögen gehören übrigens auch Pensionsansprüche aus der staatlichen Rente oder aus Versorgungswerken – das vergisst man immer schnell mal.

Generell gilt für mein VolksPortfolio eine Erfolgsregel, nämlich das sogenannte Buy-and-hold-Prinzip. Das bedeutet, ich investiere und bleibe auch erst einmal dabei. Wie schon vorher gesagt: Hektisches Kaufen und Verkaufen bringt im Regelfall nichts.

An der Börse gibt es den schönen Satz: »Hin und Her macht Taschen leer«. Bei jedem Kauf bzw. Verkauf entstehen nämlich Transaktionskosten.

Diese sind zwar meist überschaubar – trotzdem sollte man aufpassen, dass man diese nicht zu oft zahlen muss. Das Einzige, was ich beachten muss, ist, dass ich die Verteilung zwischen meinen beiden ETFs und später im Leben meiner »Kasse« immer mal wieder anpasse. Das ist einerseits meinem fortschreitenden Alter geschuldet, da ich im Laufe der Zeit ETFs in Cash umwandeln sollte, andererseits könnte aber auch Folgendes passieren:

Ich investiere immer fleißig 80 Prozent in den MSCI World Index, den Index der Industrieländer, und 20 Prozent in den MSCI Emerging Markets Index, also den Index der Schwellenländer. Es könnte nun passieren, dass sich der Index für die Schwellenländer über einen längeren Zeitraum deutlich besser entwickelt als der Index für die entwickelten Industrieländer. Dann nimmt dieser mehr Platz in meinem Portfolio ein. Um der angepeilten Verteilung 80/20 gerecht zu werden, muss ich umschichten.

D. h., ich verkaufe ETF-Anteile des MSCI Emerging Markets Index und kaufe ETF-Anteile des MSCI World Index. Diese Verteilung muss ich also immer mal wieder überprüfen und dann gegebenenfalls anpassen. Jeder sollte selbst entscheiden, wie tolerant er hier ist. Zu schnell sollte man jedoch nicht reagieren, sondern erst einmal abwarten, ob die Entwicklung nachhaltig ist. Denn auch hier gilt: Hin und Her macht Taschen leer. Dadurch, dass die ETFs regelmäßig Dividenden ausschütten, kann ich diese im Idealfall für die Anpassung der Verteilung nutzen, ohne überhaupt bestehende Anteile verkaufen zu müssen.

Moment mal! Dividenden – was ist das? Die Unternehmen, die in dem jeweiligen ETF enthalten sind, machen – idealerweise – Gewinne. Der Teil dieser Gewinne, der an die Aktionäre ausgeschüttet wird, heißt Dividende. D. h., auch ich – als Besitzer eines ETFs und damit Aktionär vieler Unternehmen – bekomme anteilig meine Dividenden. Manchmal werden Gewinne auch nicht ausgeschüttet, sondern verbleiben in der Firma. Das Ganze heißt dann Thesaurierung. Das Geld wird dann z. B. für Investitionen genutzt.

Keine Sorge, diese Anpassungen hören sich komplizierter an, als sie sind.

Eine gute Variante ist, sich einmal im Jahr zu einem festen Stichtag für ein paar Minuten das eigene Volks-Portfolio anzuschauen und es entsprechend »geradezurücken«.

3. SPARPLAN ODER EINMALIGE ANLAGE EINES GRÖSSEREN BETRAGES?

Ich habe Ihnen nun also erklärt, was ein ETF ist und welche ETFs ich in mein Portfolio aufnehme. Jetzt muss man sich nur noch überlegen, wie man spart. Hat man noch kein – liquides – Kapital auf der hohen Kante, ist sicher ein sogenannter ETF-Sparplan genau das Richtige. Damit fängt man sozusagen klein und in überschaubaren Schritten an.

Im Falle eines **Sparplanes** würde man monatlich einen fixen Betrag in vorher gewählte ETFs einzahlen. Das monatliche Einzahlen über einen langen Zeitraum hinweg hat einen großen Vorteil gegenüber dem Einzelkauf: Man muss sich nicht permanent über den richtigen Zeitpunkt für einen Ein- bzw. Ausstieg Gedanken machen. Man nutzt den sogenannten Cost-Average-Effekt. Der Aktienmarkt schwankt nun mal. Da den richtigen Zeitpunkt zu erwischen, ist fast unmöglich.

Ein ETF-Sparplan sorgt automatisch dafür, dass man kauft, auch wenn der Verstand eigentlich dagegen ist. Er lässt einen ruhig schlafen. Meldungen über Börsen-Höchststände oder -Crashs etc. interessieren einen dann nicht.

Um dies zu veranschaulichen:

Im Jahr 2007 – ein Jahr vor der Lehman-Krise – habe ich jeden Monat für 100 Euro einen ETF-Anteil gekauft. Dieser eine Anteil kostete mich 2007 genau 100 Euro pro Stück. Im Jahr 2008 sank der Kurs aufgrund der allgemeinen Turbulenzen an den Weltbörsen auf 50 Euro pro Anteil. Ich ließ mich nicht beirren und investierte weiterhin ganz konstant meine 100 Euro pro Monat. 2008 bekam ich dafür pro Monat jedoch gleich zwei Anteile. Am Ende von 2008 hatte ich also doppelt so viele Anteile wie 2007 gekauft. Das drückt den durchschnittlichen Kaufpreis. Ich habe daher im Schnitt für jeden Anteil, den ich in diesen 2 Jahren gekauft habe, nur 66,66 Euro bezahlt. Turbulente Börsenphasen mit vorübergehenden Kurseinbrüchen werden somit nicht 1 zu 1 in mein Portfolio übertragen. Die Kurse werden geglättet!

Natürlich sollte man möglichst regelmäßig und diszipliniert in diesen Sparplan einzahlen. Trotzdem ist man jederzeit in der Lage – und auch das ist ein großer Vorteil bei der Geldanlage/Altersvorsorge mit ETFs – flexibel auf seine jeweilige Lebenssituation zu reagieren: So kann man zum Beispiel jederzeit die Einzahlungen unterbrechen. Mit dieser Eigenverantwortung umzugehen, traue ich jedem zu.

Wenn man in der glücklichen Lage ist, bereits über ein kleineres oder größeres Vermögen zu verfügen, sollte man bei der **Anlage dieses größeren Betrages** die Börsen-Stände etwas beobachten. Wenn die Kurse nicht gerade absolut am Boden sind, sollte man sein kleines Vermögen stückeln und über einen Zeitraum von mehreren Jahren in das VolksPortfolio investieren. Auch so profitiert man von einem – wenn auch kürzeren – Cost-Average-Effekt. Außerdem spart es viele unnütze Überlegungen über das richtige Timing des Einstiegs. Unnütz deswegen, weil man den richtigen Zeitpunkt zum Einstieg sowieso nie erwischt – das schaffen in vielen Fällen noch nicht einmal die Vollprofis.

MAX SPART FÜR DIE RENTE – DAS GANZE EINMAL ANSCHAULICH

Wie die langfristige Vorsorge mit einem Sparplan aussehen kann, möchte ich Ihnen gerne anhand eines ganz konkreten Beispiels zeigen: Unser Protagonist heißt Max. Max ist 25 und ist vor gar nicht langer Zeit mit seinem Studium fertig geworden. Gerade hat er seinen ersten Job angetreten. Da er als Angestellter in die gesetzliche Rentenversicherung einzahlen muss, weiß er, dass er als Rentner auf eine Grundversorgung zurückgreifen kann. Auf ein zusätzliches Einkommen ist er jedoch angewiesen, wenn er es später etwas netter haben möchte. Er ist bereit, dafür heute auf monatlich 100 Euro zu verzichten und diese zur Seite zu legen. Er entschließt sich für das Aufsetzen eines ETF-Sparplans mit unserem VolksPortfolio. Um die Kaufgebühren möglichst gering zu halten, kauft er jeweils nur einmal im Jahr für 1.200 Euro ETFs. Damit erspart er sich in insgesamt 40 Jahren für seinen Ruhestand eine jährliche Zusatzrente in Höhe von 11.855 Euro.[13]

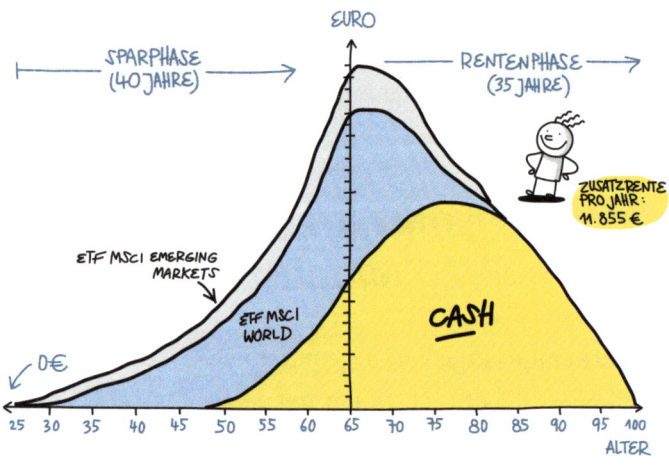

Sie sehen also: Mit nur 100 Euro Sparrate im Monat hat Max später mal knapp 1.000 Euro im Monat zusätzlich zur Verfügung.

Und das, obwohl er – um später immer liquide zu sein – schon früh mit dem Umschichten von ETFs in Cash-Positionen (Tagesgeld/Festgeld) beginnt.

SCHRITT FÜR SCHRITT IN DIE UMSETZUNG

Bis hierhin sollten Sie Folgendes verstanden haben:

- Aktien bringen durchschnittlich und langfristig betrachtet hohe Renditen

- Wenn sie breit gestreut sind, ist das Risiko absolut überschaubar

- Breit streuen kann man mit dem Kauf von ETFs, ohne dass man sich mit einzelnen Aktien beschäftigen muss

- Für den Kauf und die Verwaltung von ETFs fallen nur sehr geringe Kosten an – kein Finanzberater verdient im großen Stil mit

- Für gute Renditeaussichten bei breiter Streuung kann man bereits mit nur zwei ETFs starten – einem ETF auf den MSCI World Index und einem ETF auf den ETF MSCI Emerging Markets (im Verhältnis 80/20)

- Wenn man älter wird, verkauft man Stück für Stück ETF-Anteile und legt das Geld z. B. auf ein Tagesgeldkonto, um so immer liquide zu bleiben

Sie sehen: ETFs eignen sich aus meiner Sicht bestens für die Altersvorsorge – und noch besser dafür, das ganze Thema selbst in die Hand zu nehmen!

Was sind nun also die nächsten Schritte, wenn Sie durchstarten möchten?

SCHRITT 1:

Für das Aufsetzen Ihres VolksPortfolios – egal ob Sie es per Sparplan oder Einmal-Anlage speisen – benötigen Sie ein Depot. Das Depot ist sozusagen der Ort, an dem Ihre ETFs verwahrt werden. Dies sollten Sie bei einem Online-Broker bzw. einer Direkt-Bank eröffnen, da diese meist bessere Konditionen haben als Ihre Filialbank um die Ecke. Auf meiner Website ANYONECAN.DE finden Sie eine Übersicht verschiedener Direkt-Banken bzw. Online-Broker, die ich dort für meine Leser zusammengestellt habe.

Wenn Sie sich für eine Depot-Bank entschieden haben, sind die Formalitäten für die Eröffnung eines Depots meist überschaubar und schnell zu erledigen. In der Regel können Sie es direkt online eröffnen. Das Einzige, was Sie dann noch machen müssen: Sie müssen mit Ihrem Personalausweis und einem Zettel, den die Bank Ihnen zuschickt, in eine Filiale der Deutschen Post marschieren. Dort überprüfen die Mitarbeiter, ob Sie tatsächlich derjenige sind, für den Sie sich online ausgegeben haben. Und das war es eigentlich schon! Wenige Tage später sollten Sie dann Ihre Zugangsdaten für Ihr Depot zugeschickt bekommen. Manche Banken machen diese Identifizierung übrigens heute schon per Video-Chat – man spart sich so den Weg zur Post.

Wenn Sie dort Ihr Depot anlegen, eröffnen Sie auch gleichzeitig ein sogenanntes Verrechnungskonto. Auf dieses können Sie Ihre Sparbeträge einzahlen und dann davon Ihre ETFs kaufen. Andererseits landen auch Dividenden oder Erlöse aus dem Verkauf von ETFs auf diesem Konto. Wenn Ihnen die Transaktionsgebühren für einen ETF-Kauf zu hoch erscheinen, können Sie monatlich auf das Verrechnungskonto z. B. 100 Euro einzahlen und beispielsweise nur viermal im Jahr für die angesparten 300 Euro ETFs kaufen.

Apropos Kosten: Bei jedem Kauf von ETF-Anteilen (also auch bei der monatlichen automatischen Ausführung des Sparplans) berechnet die Bank eine kleine Transaktionsgebühr.

Einige Banken/-Direktbanken werben mit ETFs, die kostenlos – also ohne Transaktionsgebühr – bespart werden können. Diese Angebote sind jedoch meistens reine Rabattaktionen, d. h. zeitlich limitiert. Wenn Sie aber langfristig – d. h. im besten Fall über Jahrzehnte – anlegen möchten, rate ich Ihnen: Schauen Sie nicht so sehr auf die kurzfristigen Aktionsangebote. Suchen Sie sich lieber eine Bank aus, die mit ihren regulären Gebühren auf einem niedrigen Niveau liegt. Schließlich wollen Sie ja nicht ständig Konditionen beobachten. Aktuelle Infos hierzu auf meiner Website ANYONECAN.DE.

http://anyonecan.de/weitere-infos/

SCHRITT 2:

Alle Papiere erledigt – Sie sind nun stolzer Besitzer eines Depots.

Jetzt kaufen Sie ETFs bzw. legen sich einen Sparplan an. Irgendwo in Ihrem Online-Account wird es hierfür die Funktion »Wertpapier kaufen« bzw. »Sparplan anlegen« geben. Dort wählen Sie die ETFs aus, die Sie regelmäßig besparen möchten.

Für die beiden Indizes des VolksPortfolios – MSCI World und ETF MSCI Emerging Markets – gibt es verschiedene Anbieter mit leicht unterschiedlich ausgestalteten ETFs. Ich wähle hier ETFs aus mit einem großen Fonds-Volumen, die physisch abgebildet werden und – zumindest, wenn im Ausland aufgelegt – ihre Dividenden ausschütten. Wenn dann auch noch die laufenden Kosten (Total Expense Ratio – TER) stimmen: perfekt!

- Das Fonds-Volumen des ETFs sollte nicht weit unter 50 Millionen Euro liegen – das bringt dem ETF Kostenvorteile.

- Ich kaufe immer physische ETFs. Diese ETFs bilden den Index tatsächlich ab, d. h., sie investieren in alle Papiere, die in dem Index enthalten sind (»vollständig replizierend«) oder – bei sehr großen Indizes – investieren sie in eine Auswahl, die den Index bestmöglich repräsentiert (»optimiert replizierend«). Eine vollständige Replikation wäre hier aufgrund der hohen Kosten nicht möglich – muss aber auch nicht sein.

- Die Alternative wären synthetische ETFs, die über ein Tauschgeschäft (»swap«) abgebildet werden. Über die Vor- und Nachteile beider Abbildungs-Methoden kann man sich streiten. Ich bevorzuge als Privatanleger immer die physische Methode: Ihre Zusammensetzung ist ganz logisch und leicht verständlich. Man bekommt genau das, was man will – nämlich ein handfestes Anlageprodukt.

- Jeder ETF erzielt Dividenden (Gewinnausschüttungen der im Index enthaltenen Unternehmen). Von einigen ETFs werden sie »thesauriert«, d. h. einbehalten und wieder angelegt. Von anderen werden sie »ausgeschüttet«. Man kann diese Ausschüttung dann zum Beispiel einmal jährlich verwenden, um die Verteilung im VolksPortfolio gemäß des eigenen Alters anzupassen. Und natürlich könnte man diese auch verjubeln. Dann allerdings verzichtet man teilweise auf den Segen des »Zinseszinseffektes«. Ich persönlich finde es motivierend, ausschüttende ETFs zu besitzen. Es ist doch ein schönes Gefühl, einmal im Jahr »die Früchte« der Geldanlage sozusagen in der eigenen Hand zu halten.

- Auch wenn die Kosten für einen ETF deutlich geringer sind als für einen aktiv gemanagten Fonds, sollte man auch hier ein Auge drauf werfen. Die jährlich anfallenden laufenden Kosten eines ETFs werden üblicherweise durch die Total Expense Ratio (TER) ausgewiesen. Sie liegt im Regelfall zwischen 0,1 und 0,7 Prozent pro Jahr. Zusätzlich fallen noch Gebühren für die Transaktion (Kauf bzw. Verkauf) an, die von der depotführenden Bank abhängig sind und in der Regel überschaubar sind.

Eine Übersicht der ETFs, die gemäß dieser Kriterien infrage kommen, und weiterführende Informationen finden Sie hier:

http://anyonecan.de/weitere-infos/

Dort sehen Sie auch – ganz wichtig – die jeweilige Wertpapier-Kennnummer (WKN) eines ETFs. Mithilfe dieser Nummer finden Sie in dem Online-Account Ihrer Depot-Bank genau den ETF, den Sie suchen – und könnten ihn dann kaufen bzw. in Ihren Sparplan aufnehmen.

SCHRITT 3:

Einmal pro Jahr sollte man sich kurz sein Portfolio anschauen:

- Stimmt die Verteilung noch zwischen den beiden ETFs (MSCI World und MSCI Emerging Markets 80/20)?

- Wie viele Jahre Zeithorizont hat man noch, bis man auf das Vermögen aus den ETFs zugreifen möchte (d. h. ETFs umwandeln in Cash)?

Das ist schon alles! Mehr müssen Sie nicht wissen, um mit ETFs solide vorzusorgen. Sie müssen einmalig ca. eine Stunde Ihrer Zeit dafür investieren und dann jährlich einmal darauf schauen und gegebenenfalls anpassen – was nicht länger als eine halbe Stunde dauern sollte.

ZUSÄTZLICHES SPANNENDES WISSEN ZU DEN INHALTEN DIESES KAPITELS AUCH IM VIDEO-FORMAT:

anyonecan.de/buch-anhang#sektion-3

HABE ICH MEIN ZIEL ERREICHT? SIND SIE BEREIT LOSZULEGEN?

Wenn Sie in Zukunft wieder einmal die Nummer Ihres Finanz- bzw. Versicherungsberaters auf Ihrem Handy sehen, können Sie getrost rangehen. Denn:

Mit dem Wissen aus diesem Buch sind Sie ab sofort in der Lage, sich auf Augenhöhe mit Ihrem Finanzberater zu unterhalten. Er wird relativ schnell merken, dass er eine harte Nuss zu knacken hat.

Nach Lesen dieses Buches wissen Sie nun,

- dass eine Anlage in ETFs eine langfristig erfolgversprechende Alternative für Ihre Altersvorsorge ist.
- dass diese Art der Vorsorge auf lange Sicht solide und sicher ist.
- dass (fast) nur Sie profitieren und sich kein Berater/Vertriebler mehr an Ihnen eine goldene Nase verdienen kann.
- dass Sie mit der von mir aufgezeigten Methode kein Experte sein müssen, um an den Aktienmärkten mitzumischen.

Ich hoffe inständig, dass ich Sie mit diesem Buch aufrütteln konnte und Sie nun in der Lage sind, das Zepter selbst in die Hand zu nehmen. Mein Ziel war es, dass Sie von nun an selbst – und völlig unabhängig von Institutionen und Beratern – dafür sorgen können, dass Sie einen finanziell sorgenfreien Lebensabend genießen können. Und das ohne im Hier und Jetzt auf zu viel verzichten zu müssen. Das geht nur, indem Sie bei der Vorsorge auf drei ganz wichtige Punkte achten: Rendite steigern, Risiko überschaubar halten, Kosten minimieren. Das ist heute wichtiger als früher, denn der Staat kommt nicht mehr für alles auf und verpackt uns nicht in ein »Rund-um-Sorglos-Paket«. Auch gibt es nicht mehr diesen *einen* Arbeitgeber, der in 40 Jahren Betriebszugehörigkeit seine schützende Hand über uns legt und uns anschließend noch mit satten Pensionen versorgt.

Viele arbeiten heute – oft auch selbst gewählt – als Freelancer/Selbstständige auf eigene Rechnung für verschiedene Auftraggeber. Diese Gruppe steht in der Pflicht, komplett selbst vorzusorgen – sie sollte das nicht als Gefahr, sondern als Riesenchance begreifen. Vorsorgen mit ETFs ist hier eine ausgezeichnete Lösung!

Viel zu wenigen Bürgern unseres Landes ist dies leider bewusst.

Das liegt vor allem daran, dass das Thema Altersvorsorge von vielen als sehr komplex wahrgenommen wird. Manchmal habe ich den Eindruck, dass die in Deutschland sehr starke Versicherungsindustrie ganz bewusst diese Komplexität und Intransparenz aufrechterhält –

sozusagen als Daseinsberechtigung. Unterstützt wird sie hierbei vom deutschen Staat, der über Steuervergüns-tigungen und Förderungen eine ganze Generation von Sparern in Produkte treibt, die langfristig nur mittelmä-ßige Renditen bringen. Dem Staat ist das auch erst ein-mal egal. Sein einziges Interesse scheint darin zu liegen, zu vermeiden, dass ihm die zukünftigen Rentner auf der Tasche liegen. Und auf der Tasche liegen sie ihm, wenn sie mit ihren Einkünften im Alter unterhalb der Grundsi-cherung liegen und somit Anspruch auf Hartz IV und Co. haben. Durch die Förderung der privaten Altersvorsorge sinkt automatisch die Zahl derer, die später dann noch auf staatliche Hilfen angewiesen sind – und der Staat ist fein raus. Ob die Bürger mit guten Vorsorgeprodukten vielleicht sogar das Doppelte für sich herausholen könn-ten, ist für den Staat erst einmal zweitrangig.

Verstehen Sie mich nicht falsch: Private Vorsorge zu fördern, war richtig – was hier jedoch in den letzten Jahren in Deutschland passiert ist, kommt einem rie-sigen Konjunktur-Programm für die Versicherungs-industrie gleich. Dem Bürger gegenüber ist das grob fahrlässig.

Hier muss sich in der Zukunft in Deutschland was än-dern. Ich hätte da auch ein paar Ideen. An dieser Stelle möchte ich das jedoch nicht weiter ausführen. Erstens würde es den Rahmen sprengen – ich wollte das Buch ja bewusst kurz und knackig halten. Und zweitens: Damit so etwas überhaupt irgendwann mal mehrheitsfähig wird, müssen Sie jetzt erst einmal Gas geben und in ETFs investieren!

Ich würde mir wirklich wünschen, dass das Thema Vorsorgen mit ETFs irgendwann tatsächlich einmal von der breiten Masse angegangen wird und damit auch politisch an Relevanz gewinnt.

Ich hoffe, dass ich dazu beitragen konnte und kann.

Ihr Sebastian Tonn

ZU GUTER LETZT

Keiner weiß, wie es um die Verfassung der Weltbörsen steht, wenn dieses Buch veröffentlich wird. Es ist aber auch völlig egal! Egal ob diese gerade gen Himmel schießen oder am Boden liegen, tun Sie mir einen Gefallen: Legen Sie Stück für Stück los!

VIEL ERFOLG!!

ÜBER MICH

Ich komme nicht aus der Finanzindustrie. Dieses Buch-Projekt habe ich aus Überzeugung gestartet. Ich will die Leute wachrütteln! Denn ich hätte mir in der Vergangenheit gewünscht, dass mich jemand frühzeitig auf die Punkte aufmerksam gemacht hätte, auf die man beim Thema Altersvorsorge und Geldanlage achten muss. Über die vergangenen 14 Jahre habe ich mir genau diese Punkte und das Wissen hierfür durch eigene – auch schmerzhafte – Erfahrungen angeeignet. Finanzen und Börse sind mein Hobby geworden.

Mein Geld habe ich in den vergangenen Jahren bei dem deutschen Online-Netzwerk XING in klassischen Business-Jobs verdient. Daher auch Details zu meinem Werdegang – natürlich – auf XING:

https://www.xing.com/profile/
Sebastian_Tonn

Auf meiner Website bzw. meinem Blog gibt es übrigens noch weitere spannende Inhalte rund um das Thema »Finanzen selbst in die Hand nehmen«.

http://anyonecan.de

DANKE!

Danke an alle, die mich bei diesem Buch unterstützt haben. Allen voran meinem Freund Timo und meiner Familie – aber auch allen anderen, die ihr Feedback, ihren Input und auch ihre Kritik nicht zurückgehalten haben. Danke vor allem dafür, dass Ihr es immer aus der Sicht des »Normalbürgers« gelesen habt – und es so auch nicht das geworden ist, was es auf gar keinen Fall werden sollte: ein Fachbuch!

QUELLEN/ANMERKUNGEN

1. Deutsche Bundesbank, Geldvermögen und Verbindlichkeiten Private Haushalte, Q4/2016

2. Europäische Zentralbank, Key ECB interest rates

3. Bundesrepublik Deutschland Deutsche Finanzagentur GmbH, Private Anleger, Bundeswertpapiere

4. Deckungsrückstellungsverordnung (DeckRV), §2

5. Bei einer Kapitallebensversicherung mit monatlichem Beitrag i.H.v. 100 Euro und 30 Jahren Laufzeit

6. map-report Nr. 860 – 862 (Vertragsbeginn: 2014)

7. DAI

8. Evtl. Steuerzahlungen, Inflation und anfallende Gebühren der Anlage sind hier – um es einfacher zu machen – nicht berücksichtigt. Außerdem wird von einer schwankungsfreien Anlage ausgegangen.

9. DAX-Renditedreieck des Deutschen Aktieninstituts

10. U. a. Passive Investment Strategies and Efficient Markets, Burton G. Malkiel, Princeton University

11. MSCI

12. MSCI

13. Steuern und Inflation nicht berücksichtigt. Angenommene Durchschnittsrenditen: MSCI World 7,5 Prozent p.a., MSCI Emerging Markets 9,5 Prozent p.a., Tages-/Festgeld 1,5 Prozent p.a.

WEITERE LITERATUR

Balodis, Holger und Hühne, Dagmar: Die Vorsorgelüge, Berlin 2013: Ullstein Buchverlage GmbH

Bortenländer, Christine und Kirstein, Ulrich: Börse für Dummies, Weinheim 2013: Wiley-VCH Verlag GmbH & Co. KGaA

Engst, Judith und Kipp, Janne Jörg: Indexzertifikate, ETFs und ETCs für Dummies, Weinheim 2013: Wiley-VCH Verlag GmbH & Co. KGaA

Hecher, Claus: Anlegen wie die Profis mit ETFs, München 2013: FinanzBuch Verlag

Heller, Gottfried: Der einfache Weg zum Wohlstand, München 2013: FinanzBuch Verlag

Kommer, Gerd: Souverän Investieren mit Indexfonds und ETFs, Frankfurt 2011: Campus Verlag GmbH

Levermann, Susan: Der entspannte Weg zum Reichtum, München 2011: Deutscher Taschenbuch Verlag GmbH & Co. KG

Müller, Dirk: Crashkurs, München 2009: Droemer Verlag

WEBSITES

Finanzen.net GmbH
www.finanzen.net

Finanztip Verbraucherinformation Gemeinnützige GmbH
www.finanztip.de

Hessischer Rundfunk
http://boerse.ard.de/index.html

Morningstar Deutschland GmbH
www.morningstar.de/de

Stiftung Warentest
www.test.de

> Sie machen alles selbst in Ihrem Leben.
> Nur wenn es um Ihre Altersvorsorge geht,
> geben Sie Ihr Glück in fremde Hände.

Sebastian Tonn

HEUTE **RICHTIG** VORSORGEN –
ANSCHAULICH UND EINFACH ERKLÄRT.

EINE STUNDE! Eine Stunde genügt, um dieses Buch durchzulesen UND zu verstehen. Nehmen Sie sich die Zeit!

Danach haben Sie das nötige Grundwissen und ein einfaches Rezept an der Hand, mit dem Sie langfristig solide, renditestark und kostengünstig Geld anlegen und für später vorsorgen können.